ALEXANDER
SIGEL

Auch zum Ausmalen

Punkt, Punkt, Komma, Strich--

Zeichenstunden für Kinder
von Hans Witzig
Bei Ernst Heimeran in München

© Heimeran Verlag 1944
Alle Rechte vorbehalten
einschließlich die der fotomechanischen Wiedergabe,
Archiv 141, ISBN 3 7765 0103 0
23. Auflage 1973 · 530. Tausend
Gesamtherstellung: Hieronymus Mühlberger, Augsburg

Meine Männchen

Ich heiße Otto Ohrenweh. — Du denkst, so möchtest du nicht heißen. Ich aber bin stolz auf meinen Namen.

Merkst du schon warum? Das sind meine zwei Anfangsbuchstaben. Siehst du es nicht? — Doch ich kann mit meinen beiden großen O noch viel Schöneres machen. Schau da:

Guten Tag, Herr Hirsch!
Guten Tag, Frau Frisch!
Was gibt's heut auf den Tisch?
Frösch oder Fisch?

Zeig, ob du das auch fertig bringst! — Hier hast du noch Hüte nach der neuen Mode. Was fängst du an damit?

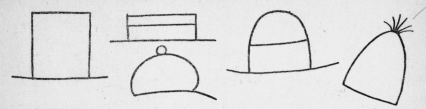

Schnell auf die Köpfe damit. Paß aber auf, daß sie gut sitzen! — Der Wind ist ein schlimmer Gesell.

Gelt, auch meine Männchen gefallen dir nicht übel? — Ein Männchen mach ich so:

Erst füg ich frisch und froh
zum großen O
ein kleines o,
vier Stecklein dann
setz ich noch dran. —
Schon ist es da!
Was willst du mehr?
Du siehst es ja,
es freut sich sehr.

Du lachst und denkst, das sei keine Kunst. — Sieh her, was mein Schwesterchen Olga machte:

Gelt, eine nette Gesellschaft! — Wo fehlt's? — Du weißt es? Gut, dann will ich dich noch schwerere Sachen lehren:

Antreten!

Stillgestanden!

Links um ! Rechts um !

Vorwärts, marsch !

Hopp, hopp, hopp ! Pferdchen, lauf Galopp !

Schnell! Noch schneller, meine Herren!

Achtung!
Kopf hinunter!

Hoppla!

Eine schöne Sache, das Turnen, nicht wahr! Aber aufpassen mußt halt und auf deine Nase Obacht geben. —

11

Kannst du jetzt auswendig Männchen zeichnen? —
Dann schenk ihnen diese Sachen!

Sieh, wie ich's meine!

Willst du mit deinen Männchen zur Abwechslung ausfahren? —
Schön, so lassen wir gleich Wagen und Schiffe kommen:

So, Platz nehmen bitte!

Hast du auch schon Häuschen gezeichnet? — Nicht?

Mein Häuschen bau ich
nach eigenem Sinn.
Ist's auch nur gering,
das Glück wohnt darin.

Oder setzest du etwa den Kamin so auf wie mein Schwesterchen?

Ein Zusammensetzspiel! Was kann man mit diesen Dingen machen? —
Nimm Papier und Bleistift! Probieren geht über Studieren!

Das sind die Häuschen für meine Männchen:

Meine Männchen, warum steht ihr so traurig da?

Das erste spricht: Wo sollen wir unser Gemüse pflanzen? Gibst du uns keinen Garten? — Da!

Das zweite: Wo sollen wir Äpfel und Birnen pflücken? — Da!

Das dritte: Wo sollen wir Holz hernehmen? — Da!

Das vierte: Wo sollen unsere Haustiere wohnen? — Da!

Das fünfte: Wo sollen wir uns waschen? — Da!

Das sechste: Wo sollen wir die Wäsche hängen? — Da!

Das siebente: Gib mir ein Türmchen auf mein Haus mit einem silbernen Glöcklein darin! — Bist ein Hochmutsnärrchen! Warum willst du das? — Damit ich meinen Brüdern Tischzeit läuten kann. — Recht so. Da!

Meine Männchen, sind alle eure Wünsche erfüllt?

17

Kommt ihr schon wieder? Was wollt ihr mehr? — Unsere Stübchen sind noch leer. Wo sollen wir uns hinsetzen, wo uns schlafen legen? Gibst du uns keine Möbel? — Da, wählt euch selber aus:

Unsere Schränke sind noch leer. Gibst du uns kein Geschirr, keine Geräte? — Es braucht viel, bis eine Aussteuer beisammen ist. Da!

Meine Männchen, habt ihr euch eingerichtet? — Ja, jedes auf seine Weise, bald so, bald anders. Komm, sieh dir's nur an!

Gut so. Das gefällt mir.

Meine Männchen, seid ihr noch nicht zufrieden? Nennt mir euren Kummer! — Wir sind so einsam. Wer will uns das Essen kochen? — Aha, da drückt euch der Schuh! — Wählt euch, jedes nach seinem Geschmack:

Und am Sonntag gibt's feines Essen und Dideldum. Alle Vettern und Basen kommen zum Schmaus, — die schlecken Töpf' und Teller aus.

Und am Montag drauf sind Küch' und Keller leer. Die Weiblein rümpfen die Nasen, die Männlein machen Brummbär.

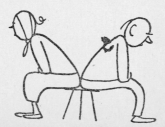

Wollt ihr auch Kinder? — O ja, gib uns Kinderlein. Die machen uns wieder froh und lustig. Gib uns lauter brave! — Geht nicht. Sind mehr böse als brave. Muß alle losbringen. Wer mir zwei böse abnimmt, dem schenk ich ein braves dazu. — Meinetwegen. Leg gleich die Rute dazu.

Seid ihr zufrieden jetzt, meine Männchen? — Brav hast du deine Sache gemacht. Wir sind zufrieden, sind glücklich, juhee!

Viel Glück und Segen!

Meine Tierchen

Ich heiße August Hühnerwadel. Meine Schwester ist die Trine. Ich bin der Bauer, sie die Bäuerin. Ich besorge die Pferde und Kühe, sie das Federvieh. Aha, da gibt's kuhwarme Milch, Butter, Käse, frische Eier! Schleckst du schon darnach? Bist ein Narr, unsere Tiere sind ja nur aus Papier. Weißt du, selber gemacht. Gezeichnet, rot und gelb angemalt. Trinchen hat sogar vier grüne Hühner und ein himmelblaues Schwein. Oh, das ist ein Bauernhof, wie du auf der ganzen Welt keinen findest. — Falls du auch ein Bauer oder eine Bäuerin werden willst, so komm und sieh dir hier unsere Gesellschaft erst einmal an. Dann mach dich nur frisch an die Arbeit. Oder sagst du etwa: „Das kann ich nicht." Sei nicht blöde. Schau mal hier ringsum! Du kennst sie sicher alle. Den Esel an den Ohren, die Kuh am Euter, das Pferd an der Mähne, das Schwein am Fett, die Ziege am Bart, das Schaf an der Wolle, den Hahn am Sichelschwanz. — Gut, das genügt ja. Man kennt sie wenigstens. Wirst doch niemandem angeben wollen, daß du das nicht auch so fertig bringst.

Unsere Kuh, die brave, nützliche Liese,
Hier steht sie mitten in der Wiese.

Natürlich haben wir auch einen Kuhhirten. Peter heißt der Schlingel. Hier ist er:

Fast hätte ich dir noch etwas zu sagen vergessen. Wir haben auch Tierchen, so groß etwa, wie die in der obersten Reihe jeder Seite. Wir haben sie ausgeschnitten und können sie in die Ritzen in unserm Stubenboden stecken. Schuhschachteln mit Fenstern und Türen sind die Ställe. — Prächtig sag ich dir, wenn alle so auf der Weide spazieren und in Garten und Hof herumspazieren und in den Stall einspazieren.

Wie du eine Kuh zeichnest.

Erst den plumpen Leib, dann den dicken Hals, dann den dicken Kopf, zuletzt vier Beine — und was weiter noch?

Mein Reitroß mir gar wohl gefällt.
Es trägt mich froh durch Wald und Feld.

Auf Wiedersehen, Trinchen, auf Wiedersehn!　　　　　Hopp! hopp!

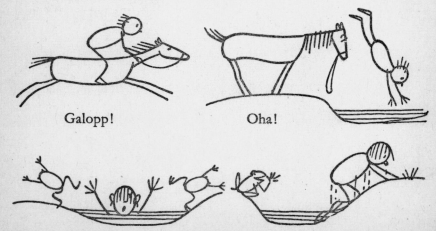

Galopp!　　　　　Oha!

Mein Knecht Florian und seine Freundin Susi, unser
geplagtes Ackerrößlein.

Florian, nicht schlafen, Florian!

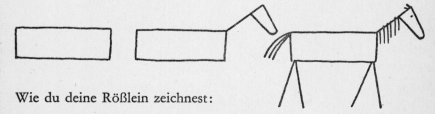

Wie du deine Rößlein zeichnest:

Fang an mit einem langen Viereck, setze daran den dünnen
Hals, dann den schmalen Kopf. Vier Beine natürlich. Endlich ver-
giß nicht die kleinen Ohren, die Mähne — und was weiter?

Das Eselein, ach sieh nur her!
Wie muß es plagen sich so schwer.

Doch im Dezember hat unser Eselein seine schöne Zeit. Da
kommt der Sankt Niklaus und spricht: Bist bereit? Viel Buben und
Mägdlein erwarten uns heut. — Er hängt ihm ein silbern Glöcklein
um. — Trab, trab! hinaus in Nacht und Sturm.

Auch Schafe haben wir, vier oder fünfe.
Die geben uns Wolle für Socken und Strümpfe.

Mit einem Oval fang es an.
Setz vorne Hals und Kopf daran!
Vier Beine dann, grad oder krumm
Zuletzt die Wolle um und um.

Was muß ich sehn, du Leckermaul, du!
Laß mir meinen zarten Salat in Ruh!

Kinderchen! Artig sein!

Kennst du diese Geschichte?

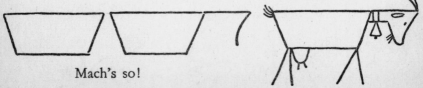

Mach's so!

Ein rechter Bauer, überall,
hält auch ein Schweinchen sich im Stall.
Das lebt zufrieden, grunzt vergnügt,
weil es ein reichlich Fressen kriegt.

Erst ein' Kartoffel, rund und groß.
Als Kopf ein Dreieck, paßt famos.
Ein Schwänzlein drehst du hintenaus.
— Ein Säulein wird im Nu daraus.

Familie Miezchen.

Ein Semmel und ein langes Brot —
ein Kätzchen gibt es ohne Not.
Ein langes Brot, ein Kuchenstück -
ein Wauwau ist's im Augenblick.
Ein langes Brot, ein Ei dazu —
ein Häslein wird daraus im Nu.

Herr und Frau Hunziker
nebst ihren Verwandten,
Freunden und Bekannten.

Füg deinem Hündchen
nur stets ein Halsband bei!
So merkt es auch der Dümmste,
daß es kein Schweinchen sei.

Meine lieben kleinen Freunde: Seidenöhrchen, Sammettätzchen,
Mohrenköpfchen, Zitterschwänzchen.
Hin und wieder kommen beim Mondschein ihre Vettern
und Basen aus Waldheim zu Besuch.

Nun aber fort,
    geschwind hinaus!
Ich fürcht', es schleicht
    jemand ums Haus.

Gockelhahn und Gackelhuhn
treiben sich ums Haus herum.
Kikeriki! Gagagg, gagagg! —
Liegt ein Ei am Gartenhag!

Ein Hahn, ein Huhn,
ganz einerlei —
du beginnst mit einem Ei.
Doch fährst du fort,
hier oder dort,
so überleg dir's fein,
was für ein Unterschied mag
sein.

Damit keins fehle in unserm Reich:
Enten, Gänse und Schwäne unten am Teich.
Hoch auf dem Dach die Schwalben und Tauben,
— Ein Storch sogar, du darfst es glauben.

Zuguterletzt, sieh dort mein neues Bienenhaus!
Viel tausend emsige Immlein summen ein und aus.

Aber Babette, wie du aussiehst!!

So, ich danke schön für den Besuch, meine Damen und Herren. Es hat mich wirklich sehr gefreut. — Zum Abschied wird Ihnen unser berühmtes Hausorchester noch eins aufspielen.

Mein Dörfchen

Liebes Kind! Zum Abzeichnen, denkst du und findest das nicht schwer. Wenn du aber neue, eigene Bildchen erfinden könntest! Blättre, und ich zeige dir, wie du das leicht fertigbringst.

Fällt dir nichts auf? Wieder die Dinge der vorigen Seite, nur anders angeordnet. Sicher findest du selber noch weitere Lösungen. Versuch es. — Und ähnlich machst du es mit den Zeichnungen auf den nächsten drei Seiten. Du wählst, was dir gefällt, und stellst damit deine eigenen Bildchen zusammen. — So wird dir das Zeichnen noch weit mehr Kurzweil bringen, als wenn du dich mit dem bloßen Abzeichnen zufrieden gibst.

47

Zeichnest du gerne solche Figürchen? — Dann stelle sie mit deinen Häusern zu fröhlichen, kurzweiligen Bildchen zusammen. Sieh auf der nächsten Seite, wie ich es meine!

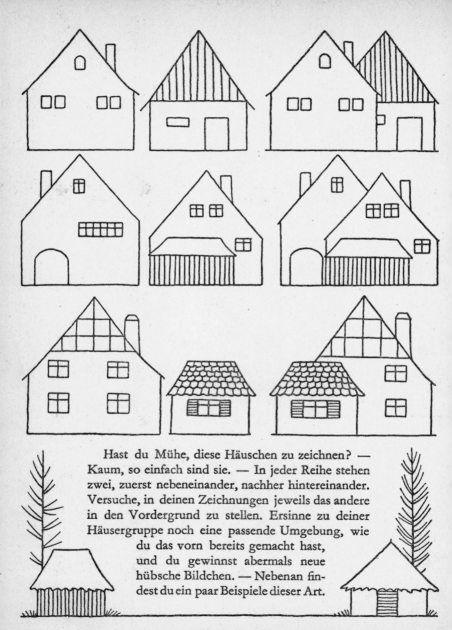

Hast du Mühe, diese Häuschen zu zeichnen? — Kaum, so einfach sind sie. — In jeder Reihe stehen zwei, zuerst nebeneinander, nachher hintereinander. Versuche, in deinen Zeichnungen jeweils das andere in den Vordergrund zu stellen. Ersinne zu deiner Häusergruppe noch eine passende Umgebung, wie du das vorn bereits gemacht hast, und du gewinnst abermals neue hübsche Bildchen. — Nebenan findest du ein paar Beispiele dieser Art.

Siehst du nun, wie ein ganzes Dörfchen gebaut wird? — Deine Häuschen zu Gruppen zu vereinigen, fällt dir ja nicht mehr schwer. Laß die Giebel um ein Kirchlein sich scharen, und es wird ein heimeliges Dorfbild werden. — Merke noch: Am besten glückt dir die Zeichnung, wenn du mit den vordersten Häusern den Anfang machst.

Wozu auf einmal eine rechteckige Umrandung? Sie hilft dir den Vordergrund, dein Dörfchen, und den Hintergrund, den Bergzug, zusammenzufassen. — Versuche in gleicher Art, aus deiner Zeichnung ein abgeschlossenes Bildchen zu machen.

Diese Dinge stellst du zur Abwechslung in den Vordergrund und ver-
legst dann das Dörfchen in den Hintergrund. Umschließe das Ganze mit
einem Rahmen. Nebenan hast du drei Beispiele.

Zum Schluß noch einen Abstecher in die schönen Berge. Gelt, da bist du schon gerne dabei? — Bringe diese Alphüttchen und -dörfchen in einen Rahmen. Dann kannst du ihnen einen passenden Hintergrund geben, so etwa, wie dir das auf der nächsten Seite gezeigt ist.

Womit bringst du diese Figürchen zusammen? Überleg dir's! — Wenn ich dich mal zufällig treffe, mußt du mich deine Zeichnungen sehen lassen. Ob dann wohl eine darunter ist, wo der Handorgeler vor einer Negerhütte zum Tanz aufspielt und deine Bergsteiger auf einem Elefanten herumkraxeln! — Meinst du wirklich?

Wir gehen spazieren

Was sollen wir hier beisammen stehn?

Laßt uns lieber spazieren gehn!

Zeichne dir hurtig den Spaziergänger heraus, der dir am besten gefällt, und dann erfülle seinen Wunsch. — Aber wohin willst du ihn spazieren führen? Weißt du nicht Rat, so blättre. Auf den nächsten Seiten findest du schöne Plätzchen in Fülle.

So, da kannst du ja einfach wählen. — Gib deinem Spaziergänger auch einen solch hübschen Ort zu kurzweiligem Aufenthalt.

Willst du um deine eigenen Zeichnungen auch einen Rahmen ziehen, so höre: Lasse deinem braven Spaziergänger doch ja einen Streifen Boden unter den Füßen. Stell ihn nicht direkt auf den untern Rand deines Bildchens, als wäre er ein Seiltänzer. — Zur Abwechslung magst du die Ausflügler auch zu Hause lassen. Was bleibt dir dann zu zeichnen übrig? Die Landschaft natürlich. Doch wirst du sie nicht einfach getreulich nachzeichnen. Versuch es so: Bringe z. B. an Stelle der Pappel auf dem nächsten Bildchen eine Tanne oder führe etwa die Straße über ein Brücklein. Fallen dir noch weitere Zusammenstellungen ein? Überleg dir's!

„Du siehst zum Sitzen uns alle bereit;
Schaff uns dazu die Gelegenheit!"

Unsere Leutchen haben sich müde gelaufen. Deine Sache ist es nun,
ihnen ein hübsches Ruheplätzchen auszusuchen. — Zeichne eines der Bildchen auf den nächsten Seiten heraus und setze statt denen, die schon dort
sind, deinen Freund oder deine Freundin, oder beide zusammen hinein.

Hast du meine Vorschläge beherzigt? Und sind dir schon ein paar selb-
ständig zusammengestellte Bildchen gelungen? — Dann probier auch etwa
folgendes: Zeichne ein Teilstück aus einer meiner Zeichnungen heraus,
umgib es mit einem Rand, — und du hast abermals ein eigenes Werklein
vor dir. — Nebenan findest du Beispiele dieser Art.

Jetzund kommt die Heimwärtsreise.

— Helf jeder sich auf seine Weise.

Du wirst doch deine Herrschaften nicht im Regen heimtappen lassen?
Erbarme dich ihrer. — Laß schnell so ein Vehikel kommen und fahre sie
darin bis vor die Haustüre.

Gelt, eine wunderliche Gesellschaft! Willst du sie spazierenführen, so sieh auf der nächsten Seite, wie du das anstellen mußt.

Sechs Zwerglein wollen
die Welt besehn.

Eins siehst du hier auf Reisen gehn.
Wähl hurtig dir ein zweites aus,
Fahr mit ihm in die Welt hinaus.

Kaum daß es sich die Welt anguckt, hat es schon ein Frosch verschluckt.
Armes Grashüpferchen! — Wir wollen doch wenigstens hoffen, daß deinen
fünf Brüdern ein so grausam schlimmes Ende nicht bevorstehe.

Unser Ferienalbum

Liebe Kinder!

Nichts Langweiligeres als Regentage in den Ferien. «Wißt ihr denn gar nichts Gescheites anzufangen!» So schimpft bald die Tante, bald der Onkel. Wird's einmal recht lustig, mag der Großvater den Lärm, die Großmutter den Staub nicht ertragen. — Kurz und gut, du möchtest bald lieber in die Schule.

Hört nun, welchen Einfall meine drei Kinder an einem solch nichtsnutzigen Tag hatten. «Wir machen ein Ferien-Bilderbuch!» beschlossen sie. Und gesagt, getan. Alle Regentage steuerte jedes eine Zeichnung bei. Die Bildchen wurden in ein gemeinsames Album geklebt.

Fertig ist dieses Ferienalbum bis jetzt noch nicht. Jedes Jahr wird ihm eine neue Ernte eingeliefert. Doch das darf ich jetzt schon verraten: Es gibt ein fröhliches Buch und wird eine prächtige Erinnerung obendrein.

Seid ihr neugierig? Wollt ihr die ersten paar Seiten sehen? — Da sind sie. — Wer von euch hat Lust, etwas Ähnliches zu probieren?

Endlich kanns losgehn!

Gute Reise! Viele Grüsse! Seid schön brav!

Auf der Fahrt nach Heuwinkel.

BIRKENRÜTI! BRÄSSIERE GEFÄLLIGSCHT!

HEUWINKEL!! ALLES AUSSTEIGEN!

Grüss Gott Tante! Grüss Gott Schnauzerli! Grüss Gott Onkel! Grüss Gott Kinder! So, seid ihr gut gereist?

Ihr werdet wohl Hunger und Durst haben.

So greift jetzt recht tüchtig zu!

Gesunder Schlaf in der luftigen Dachbodenkammer.

Heimlich plätschert das Brünnlein im Hof.

DIE TAGWACHE

Grossvater Grossmutter

Feierabend.

Verräterisches
Räuchlein.

Grossmamas Lieblinge.

Grosspapas Lieblinge.

Der störrische Liebling

Kinder, habt ihr meine
Brille auch nicht gesehn!

Gute Nacht, Grossmama!

Das Königreich der Tante Lisette

Gottlob war dies nur ein Traum!

Auch im Stall von Onkel Tobias steht eine Lisette

Wart, ich kann dir gleich helfen, du--!

Ein schlimmerer Räuber
bei Nacht und
Nebel.

Gruss aus Heuwinkel!

Versteckt hinter Obstbäumen.

Die alte Mühle.

Das einsame Korbflickerhaus

Hier wohnt der Schneider Wackelmut. —

Nicht wahr, sein Bärtchen steht ihm gut?

Hier haust die dicke Krämerin.
Du siehst sie hier mit frohem Sinn.

Hier ist der Lottersepp zu Haus. —

Passt auf!
Schon schaut er zum
Fenster heraus.

Guten Abend Babette.
Guten Abend Susette
Oh, oh dieses Wetter!
Wirklich alle Jahr netter

Auch unser Nachbar
schaut besorgt nach dem Heuwetter aus.

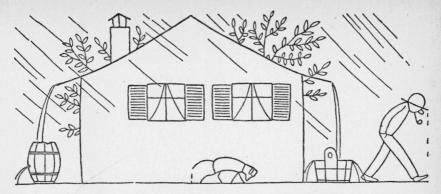

～ DIE FEINE DUSCHE ～

O, ihr verflixten Stadtbuben!

Gottlob! die Heuwinkler
haben endlich ihr Heuwetter!

Die Sensen schallen
im grünen Tal.
Bald müsst ihr fallen,
ihr Blümlein all

Im duftigen Heu
auf luftiger Höh,
da sitzen wir drei
und rufen juhee!

92

Jetzt ist der liebe Sonntag da.
Zur Kirchen läutet's
fern und nah.

Sonntagsfrieden.

SÜSSER TROST ZUM ABSCHIED

Auf Wiedersehn Heuwinkel,
du liebes Nest! Lass die Trau-
ben und Äpfel süss werden,
bis wir wiederkommen!

Mein Gärtchen

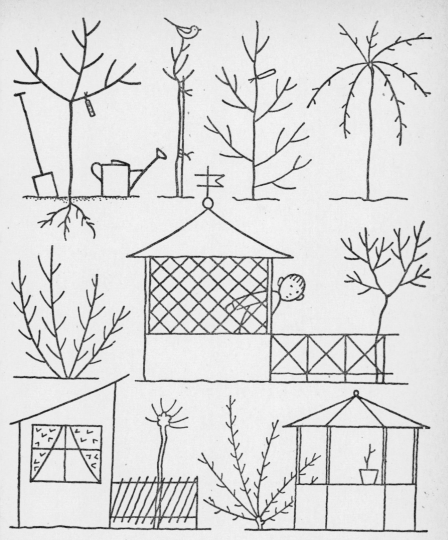

Junge Bäume und Sträucher vom Gärtner. Willst du im Frühling duftenden Flieder, im Sommer rote Rosen, im Herbst saftige Äpfel und Birnen, so setze sie in dein Gärtchen. Jetzt im Winter, wenn alle Pflanzen schlafen. Auch für ein kleines Gartenhaus such dir ein lauschiges Plätzchen. Dort in jener Ecke mit dem frohen Blick ins Tal, mein ich.

Möchtest dir wohl auch ein solches Gärtchen anlegen! So bring Papier und
Bleistift. Gleich auch die Farbstifte, wenn du sie nicht verloren hast. Zeichne
erst den Boden, hernach einen oder zwei der Bäume und ein Gartenhaus dazu
(wie Seite 97). Oder hast du einen andern guten Einfall? Dann um so besser.
Mach's ganz nach deinem Sinn.

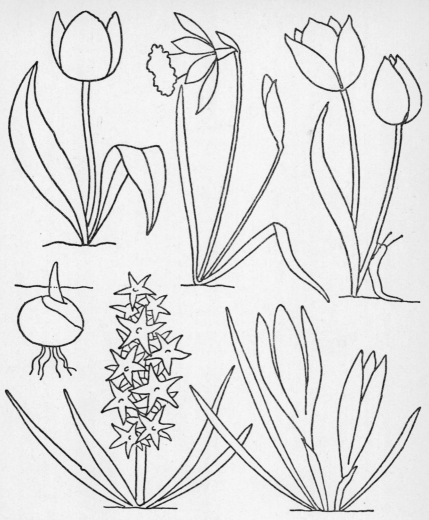

Kennst du diese Blumen? Gewiß, denn sie haben alle jetzt aus den Zwiebeln getrieben, die du im Herbst in Töpfe gesteckt. Und blühen in leuchtenden Farben. Zu einer Zeit, da draußen dein Gärtchen tief im Schnee liegt. — Wohl darfst du diese Blumen auch ausmalen. Denn du tust es ja mit aller Sorgfalt, ich weiß es. Doch hernach sieh auf der nächsten Seite, was ich dir vorschlage.

Zeichne einen Blumentopf, dann eine von den Blumen hinein. Die übrigen Zeichnungen dieser Seite zeigen dir, wie du mit deinen Blumen noch andere Bildchen machen kannst.

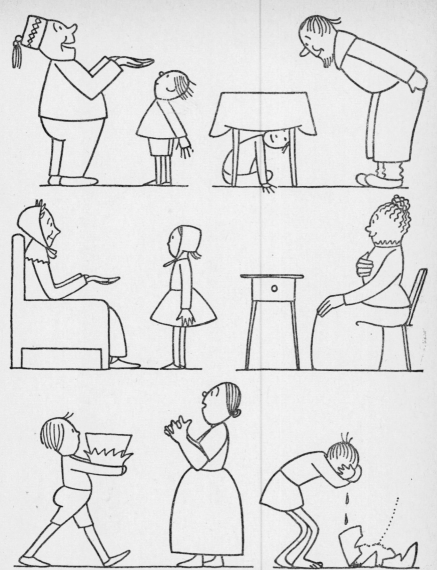

Was ist da los? Großmutter und -vater, Mama, Tante und alle steh'n da, aber mit leeren Händen. Laß sie nicht länger auf ein Geburtstagsgeschenklein warten.

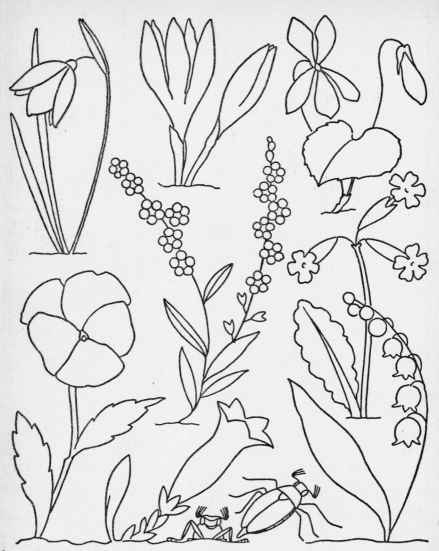

Inzwischen sind die ersten Blümchen erwacht. Vorboten des Frühlings.
Unterm Kätzchenbusch die Schneeglöckchen, im Rasen jetzt Krokus, gelb
und violett. Veilchen, Schlüsselblumen, Stiefmütterchen, Vergißmeinnicht
wollen nicht länger warten. Bald läutet Maiglöckchen den Maien ein.

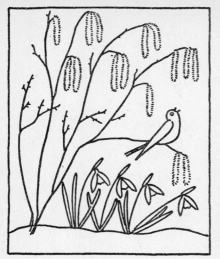

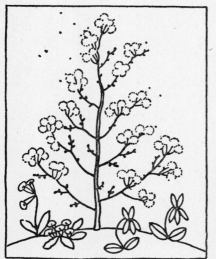

Deine jungen Obstbäume stehn im Blütenkleid, der Flieder duftet.
Dein Gärtchen grünt und blüht. — Versuche Blume, Baum und Strauch
zu farbig frohen Gruppen zusammenzustellen. Hier ein paar Beispiele,
damit du siehst, wie ich es meine.

Doch vom ersten schönen Tage an gibt's alle Hände voll zu tun. Was han-
tieren sie da? Du wirst es leicht erraten. Zeichne dir jemanden heraus und
setz ihn in passende Umgebung (wie du das auf der nächsten Seite siehst).

Unser sauber gepflegtes Gärtchen ladet zum frohen Verweilen ein.
Zeichne und male ein friedliches Sonntagsgärtchen.

Des Sommers Gäste. Sonnenblumen, Rosen, Nelken, roter Mohn,
blaue Glocken und Sternenblumen von allen Farben.

Binde die Blumen zum Strauß, fülle damit die Vasen. Und dort am Zaun stehn kleine Kinder. Gucken mit großen Augen herein. Schenk' ihnen Blumen von deinem Überfluß. — Zuunterst Blumenkinder! Gib den deinen bunte Blumenröckchen von allen Sorten.

Noch immer kein Regen! Schnell hilf Wasser tragen. Darfst nachher
mit uns Beeren pflücken, Stachelbeeren, Erdbeeren, was du willst.

Gäste im Garten, gebetene und ungebetene.

Solche Bildchen lassen sich aus den Dingen auf den Seiten 108 und 109 noch eine Menge gewinnen. Laß sehen, was du fertigbringst.

Schon ist der Herbst im Land. Füllt dir die Taschen mit süßen Früchten. — Zeige uns dein Gärtchen mit Bäumchen voll leuchtender Äpfel, Pflaumen und Birnen, daneben Dahlien und Astern in schönen Farben.

Wie rasch eilt die Zeit. Ach, schon steht der Winter vor der Tür. Schnell noch den Kies zu Haufen getragen, das Laub zusammengerecht, die Beete mit Tannenreis zugedeckt. Kalt weht der Novemberwind, die letzten bunten Vöglein wirbeln durch die Luft. Mein Gärtchen bereitet sich zum Winterschlaf. Auf Wiedersehn, du lieber Aufenthalt.

Hans Distelfinks Tagebuch

Liebe Mädchen und Buben!

Ich stelle euch hier meinen Schüler, Hans Distelfink vor. Hans Distelfink hat ein Tagebuch verfaßt. Und er hat mir die freundliche Erlaubnis gegeben, es euch allen zu zeigen. Nur eines mußte ich dem kleinen Schreiber und Zeichner versprechen: den Schriftsetzer zu bitten, die vielen Fehler gleich zu verbessern.

Wißt ihr, was das ist, ein Tagebuch? Natürlich! Ein Buch in welches man hineinschreibt, wie man seinen Tag verbracht, und was sich so Besonderes zugetragen. Überhaupt schreibt man da hinein nur das Besondere. Nichts von den ganz alltäglichen Dingen, wie Essen und Trinken. Höchstens wenn's einmal ganz besonders gut schmeckte. — Und später ist so ein Tagebuch eine schöne Erinnerung. Man findet's nach Jahren, vielleicht beim Aufräumen, in einem verstaubten Bündel. Man blättert erstaunt und liest da Dinge, die man längst vergessen. Welche Freude erst, wenn zwischen die Zeilen gar wunderhübsche Zeichnungen eingeklebt wären. Ja, so ein Tagebuch mit Bildern, das wäre ganz gewiß auch etwas für euch. Wer wagt den Versuch?

Tagebuch vom Dezember

1. Dezember. Ich habe der Familie Mauchli beim Umziehen geholfen. Mein Freund, Fritz Mauchli wohnt seit heute in dem alten, niedern Hause gegenüber. Wir mußten alle Möbel auf einem grossen Handwagen zügeln. Lydia Koch stand beim Abladen daneben und rümpfte die Nase. Ich sagte, sei du froh, daß ihr schönere Möbel habt. Der Vater Mauchli ist Bauhandlanger. Manchmal ist er auch arbeitslos. Die Mutter ist Wäscherin, die Schwester muß in der Kleiderfabrik Schmucki Knöpfe annähen. Fritz Mauchli durfte heute bei uns essen. Meine Mutter sagte, auf schöne Kleider komme es nicht an. Der Fritz sei ein guter Kerl. Er dürfe zu uns kommen, wann er wolle. Mauchli kann am besten schwimmen und klettern und am lautesten durch die Finger pfeifen. Er ist bei allen Buben unserer Klasse beliebt. Ich aber bin sein treuester Freund.

115

2. D e z e m b e r. Schon am Nachmittag wurde es ganz dunkel. Der Lehrer drehte uns zum Schreiben das Licht an. Jetzt war es in der Schule viel feierlicher als sonst. Zufällig schaute ich einmal nach dem Fenster. Richtig, es schneite. Nachher riefen alle: Es schneit, es schneit. Aber ich hab's zuerst gesehen.

Als wir nach Hause liefen, war der Schnee schon fast wieder fort. Es schneite nur noch vereinzelte große Fetzen. Mauchli und ich konnten sie mit dem Maul auffangen. — Plumps flog mir von hinten etwas an den Kopf, so daß es nach allen Seiten spritzte. Ein nasser Schneeball vom Meierhans! Wart Meierhans, bis es wieder Schnee gibt.

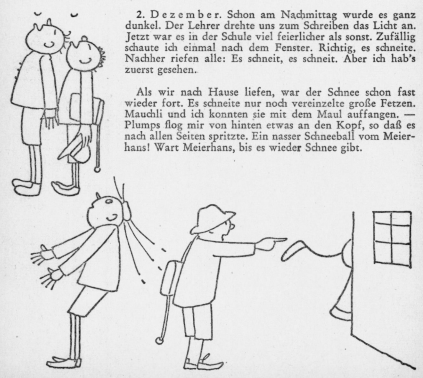

3. Dezember. An diesem Tag hat mein Vater seinen Geburtstag. Darum will ich jetzt einmal etwas vom Essen schreiben. Denn Apfelküchlein sind bei uns nichts Alltägliches. Nach der Schule durfte ich der Mutter beim Backen helfen. Da ich sowieso Koch werden will, machte ich mir zuerst aus Papier eine hohe Kappe. Ich backte 52 Küchlein. Nachher machte ich mir mit einem Kissen noch einen dicken Bauch, wie es sich für einen richtigen Koch gehört. Und so spazierte ich mit meiner Geburtstagsplatte hinein in die Stube. Alles lachte. Nach dem Essen hatte ich Bauchweh.

6. Dezember. Nach der Schule ging ich zu Frau Polster. Sie hatte mir
schon lange einen Bart versprochen. Nach langem Suchen fand sie ihn in
einer Hutschachtel. Als es dunkelte, verkleidete ich mich. In einem Säcklein
hatte ich Äpfel und Gutsln. Jetzt ging es los. Elsi schlüpfte hurtig unter das
Bett. Ich brummte: Da schau die Rute! Willst du brav sein und dein Sprüchlein aufsagen, hä? Unter dem Bett stotterte es sein Sprüchlein her. So ist's
gut! brummte ich, schüttelte mein Säcklein aus und stapfte wieder davon.

Um sieben Uhr mußte ich noch ein Brot holen. Auf dem Heimweg hörte ich lärmen und lachen. Eine ganze Bande rannte einem großen Nikolaus nach. Sobald ich zuvorderst war, schlug ich ihm mit dem Brote auf den Sack. Aber plötzlich machte er rechtsumkehrt. Alles stob mit Gekreisch auseinander. Dabei flog mir das Brot in den Straßengraben. Zum Glück konnte ich es mit dem Sacktuch wieder schön sauber machen. Schöner als vorher, sagte ich zum Mauchli, der sich halb totlachte.

9. Dezember. Wir hatten in der Stube endlich einmal wieder eine Maus. Das gab eine große Aufregung. Elsi stand auf einem Stuhl und krähte. Die Mutter konnte nicht zusehen, als Papa und ich mit der Jagd anfingen. Wir trieben das arme Mäuslein aus einer Ecke in die andere. Plötzlich flog Elsi herab und schrie noch lauter. Der Vater wollte Elsi wieder auf die Beine stellen. Unterdessen war seine Zigarre von der Tischkante herabgerollt und hatte ein Loch in den Teppich gebrannt. Nachher war die Maus spurlos verschwunden. Der Vater sprach schnaufend: Der Kanarienvogel ist schuld. Das Futter lockt die Mäuse an.

10. Dezember. Wir haben von Frau Polster eine Katze bekommen. Sie heißt Maudi. Ein oder zwei drollige Hündchen, einen Papagei und ein Äffchen sind schon lange mein großer Wunsch. Die Mama mag davon nichts wissen.

13. Dezember. Auf dem Weg zur Schule stand eine Frau unter einer Haustüre. Wer will eine Handorgel? fragte sie. Ich habe eine beim Räumen gefunden, und brauchen kann ich sie doch nicht. Mauchli sprach: Ich kann sie gut brauchen! Freudig nahm er das Geschenk unter seine Pelerine. Aber die Handorgel gab nur noch zwei elende Töne von sich. Macht nichts, sagte Mauchli. Ich will sie schon dressieren. In der Schule verbarg er sie unter seinem Sitz. Niemand merkte etwas. Denn Mauchli sitzt ganz allein in der hintersten Bank. — Wir schrieben eifrig. Der Lehrer saß am Tisch und schrieb auch. Auf einmal tönte durch die Stille ein schreckliches Schnaufen. Alles starrte sprachlos nach hinten. Der Mauchli war aus Versehen auf seine Handorgel getreten. Als der Lehrer mit großem Staunen den alten Plunder hervorzog, war auf einmal ein Gelächter und Hallo. — Auf dem Heimweg hatten wir einen fröhlichen Umzug.

15. Dez. Seit dem frühen Morgen saust ein wütiger Sturm durch die Straßen. Während wir beim Mittagessen saßen, klirrte es plötzlich. Ich rannte ans Fenster. Am Hause schräg über der Straße, grad über Herrn Schlittlers Stube, hatte sich ein Vorfenster losgerissen. Eine Scheibe lag in Stücken auf der Straße. Verwundert streckte jetzt Vater Schlittler unten den Kopf heraus. In diesem Augenblick schlug das Fenster über ihm zum zweitenmal gegen die Mauer. Wieder fiel eine Scheibe. Und pumm! Direkt auf seine Glatze. Erschrocken schnellte der Kopf in die Stube zurück. Mein Vater sagte, es sei noch gut abgelaufen.

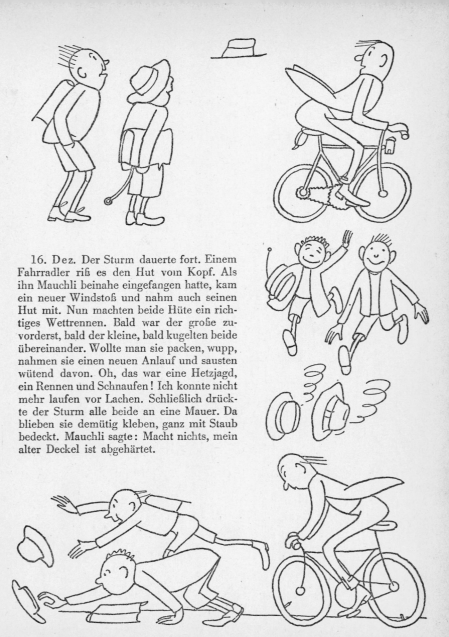

16. Dez. Der Sturm dauerte fort. Einem Fahrradler riß es den Hut vom Kopf. Als ihn Mauchli beinahe eingefangen hatte, kam ein neuer Windstoß und nahm auch seinen Hut mit. Nun machten beide Hüte ein richtiges Wettrennen. Bald war der große zuvorderst, bald der kleine, bald kugelten beide übereinander. Wollte man sie packen, wupp, nahmen sie einen neuen Anlauf und sausten wütend davon. Oh, das war eine Hetzjagd, ein Rennen und Schnaufen! Ich konnte nicht mehr laufen vor Lachen. Schließlich drückte der Sturm alle beide an eine Mauer. Da blieben sie demütig kleben, ganz mit Staub bedeckt. Mauchli sagte: Macht nichts, mein alter Deckel ist abgehärtet.

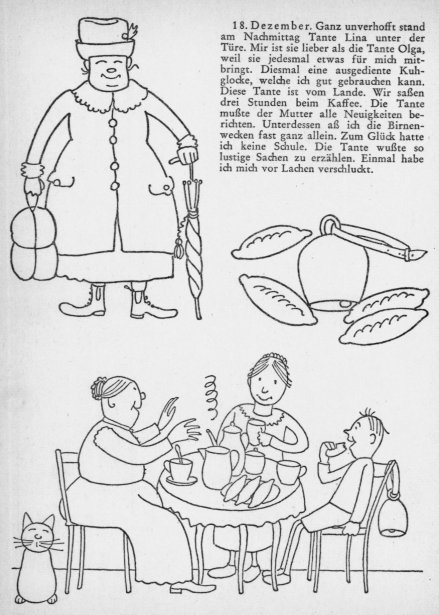

18. Dezember. Ganz unverhofft stand am Nachmittag Tante Lina unter der Türe. Mir ist sie lieber als die Tante Olga, weil sie jedesmal etwas für mich mitbringt. Diesmal eine ausgediente Kuhglocke, welche ich gut gebrauchen kann. Diese Tante ist vom Lande. Wir saßen drei Stunden beim Kaffee. Die Tante mußte der Mutter alle Neuigkeiten berichten. Unterdessen aß ich die Birnenwecken fast ganz allein. Zum Glück hatte ich keine Schule. Die Tante wußte so lustige Sachen zu erzählen. Einmal habe ich mich vor Lachen verschluckt.

Auf einmal mußte die Tante pressieren. Ich begleitete sie zum Bahnhof. Beim Rennen rutschte ihr immer der Hut übers Gesicht hinunter. Das wurde ihr schließlich zu dumm und sie gab ihn mir zu tragen. Zum Glück sah es niemand, der mich kannte. Vor dem Bahnhof ließ sie den Schirm noch fliegen und schlug ihn mit dem Schuh fort. Sie lachte und rief schnaufend: Oh, ich dummes Babi! Kaum war sie im Wagen, fuhr der Zug ab. Da merkte ich erst, daß ich den Hut noch auf den Händen trug. Ich mußte ihn wieder bis nach Hause tragen.

19. Dezember. Mauchli und ich standen den ganzen Abend auf dem Christbaummarkt umher. Ich trug einer Frau ein Bäumchen nach Hause. Sie sagte: So, du bist wirklich ein braver Bub. Dann gab sie mir einen Zwanziger. Ich drückte ihn auf das klebrige Harz an meinem Daumen. Auf diese Weise konnte ich ihn am allerwenigsten verlieren. Nun möchte ich meiner Mama auf Weihnachten dafür ein schönes Geschenk kaufen.

20. Dezember. Mauchlis alte Handorgel hat jetzt ein schlimmes Ende genommen. Er spielte immer unter dem Küchenfenster. Schließlich sagte seine große Schwester: Fertig, jetzt mag ich die Katzenmusik nicht mehr hören. Sie wollte sie ihm wegreißen. Es gab ein Gezänk. Plötzlich flog die Handorgel aus dem Fenster. Sie wurde am Gartentörchen aufgespießt. Wer vorbeiging, staunte und lachte. Nachher schlug sie Mauchlis Vater zusammen und heizte damit den Ofen. Die ganze Nachbarschaft ist froh. Alle sagten, dieser Mauchli sei mit seiner Jammerkiste die reinste Landplage gewesen.

21. Dezember. Am Nachmittag ging ich mit meinem Geld in die Stadt. Vor allen Schaufenstern war ein großes Gedränge. Fast lauter Kinder, welche den Leuten, die etwas kaufen wollen, im Wege stehen. Ich habe meine Weihnachtsgeschenke eingekauft. Für die Mutter einen hölzernen Kochlöffel, für den Vater sechs Zigarren. Eine leere Zigarrenschachtel bekam ich gratis. Daraus will ich für Elsi ein Schafställchen machen.

22. Dezember. Heute war ich ein Dichter. Ich mußte die Weihnachtsgedichte anfertigen. Auf das Päcklein für meinen Vater wollte ich zuerst schreiben: Es spendet dir der Weihnachtsengel ein halbes Dutzend Tabakstengel. Für die Mutter: Das liebe Christkind ist zur Stelle mit einer neuen Suppenkelle. Aber beides wollte mir am Ende doch nicht gefallen. Es macht sich zu wenig feierlich. Ich habe jetzt geschrieben: Blas mit unserm Rauch und Duft gleich deine Sorgen in die Luft! Und: Soll das Essen schmackhaft sein, brauch fleißig mich, liebs Mütterlein!

23. Dezember. Es schneite den ganzen Vormittag. Nach dem Essen scharrte ich auf dem Balkon den Schnee zusammen und machte daraus ein Schneemännchen. Ehe ich zur Schule ging, stellte ich's auf das Fenstersims. Die Augen aus farbigem Glas, die Nase eine Kartoffel, die Zähne eine Reihe Haselnüsse, auf dem Kopf einen Blumentopf, im Arm einen Flaschenputzer und einen Bratspieß, um den Hals ein rotes Sacktuch, um den Bauch eine blaue Schürze, so blickte es stolz und vergnügt auf die Straße hinab.

Als ich abends von der Schule nach Hause kam, war mein Männchen verschwunden. Nur seine Siebensachen hatte es zurückgelassen.

24. Dezember. Heute abend ist unser Maudi von einem Bierauto totgefahren worden. Alles hatte großes Mitleid mit unserem armen Kätzchen. Die Zeitungsfrau, welche beim Unglück dabei war, hat sogar eine Zeitlang ganz laut geweint. Dann kam auch Frau Wimpel. Sie rief in einem fort: Ja wohl! Kein Mensch ist mehr sicher auf der Straße. — Ich mochte das Kätzchen gut leiden. Aber ich war nicht immer lieb zu ihm.

25. Dezember. Heute feierten wir Weihnachten. Es ist spät geworden. Darum will ich nur noch kurz meine Geschenke ins Tagebuch notieren. Von Onkel Gustav ein Paar Ski. Von Tante Lina ein Paar Bergschuhe mit 91 Nägeln an jedem. Von den Eltern das Robinsonbuch und einen Schülerkalender. Sonst noch Strümpfe und Hosenträger, also mehr nützliche Sachen, die man mir sowieso angeschafft hätte. — Die Mama hatte große Freude an dem Löffel. Der Papa hat schon drei Zigarren aufgeraucht. Ich bin glücklich! Weihnachten ist der schönste Tag im Jahr!

Was ich auf die Pakete gemalt habe:

31. Dezember. Am Sylvester werden bei uns alle Leute geweckt. Dieses Geschäft muß die Jugend besorgen. Mauchli und Meierhans pfiffen mir schon um fünf Uhr. Bald war die ganze Bande beisammen. Wir rasselten durch die Straßen, daß es eine Freude war. Meine Kuhglocke von der Tante Lina machte den größten Lärm. Besonders wenn man damit über die Rolläden hinunterfuhr. Frau Zapf schimpfte in einer Nachtkappe zum Fenster heraus. Ein Milchmann, der vorbeiging, lachte und rief hinauf: Wir Alten haben es früher noch ärger getrieben.

Am Sylvester machen sich die großen Leute allerlei Gedanken über das alte Jahr. Dann nehmen sie sich gute Vorsätze für das neue. Wenn ich groß bin, will ich es auch so machen.

Ich freue mich auf den heutigen Abend. Da sitzen wir gemütlich beisammen und schmausen Nüsse und Birnenwecken. Um Mitternacht läuten alle Glocken. Alles schüttelt sich die Hände und spricht

Prosit Neujahr

Meine Freunde im Zoo

Meine Lieben,

habt ihr schon von August Bärwolf gehört? — Das ist mein Onkel, der Tiermaler. Ich, August Bärwolf der Jüngere, bin sein Schüler. Das Tierzeichnen liegt mir im Blut. Der Zoo ist meine Welt. Ganze Nachmittage verweile ich dort und sehe den Tieren zu. Zuhause zeichne und male ich alle aus dem Kopf. Alle Tiere im Zoo sind meine Freunde. Die grossen und die kleinen, die vornehmen und die niedrigen, die wilden und die zahmen. — Wenn es euch gefällt, will ich gleich vorstellen:

König Felix I. und Regula, seine Gemahlin nebst Negus, dem 3 Monate alten Kronprinz. Gleich daneben Minka, die Königstigerin samt Tochter.

Ferner mache ich bekannt mit Meister Petz, mit Isegrimm, dem Wolf, zusammen mit Reinecke Fuchs, dem alten Schlaukopf. Endlich mit einem Gast vom Nordpol, mit Castor, dem Eisbär.

Proben aus meinen Zeichenheften. Hier und auf den nächsten zwei Seiten Löwen, Tiger und Leoparden (Panther). Grosskatzen nennt sie mein Onkel. Die Ähnlichkeit mit dem bescheidenen Hauskätzchen springe in die Augen, sagt er. Nicht nur in den geschmeidigen Formen, auch in der Art wie sie gehen, schleichen, kauern, liegen, verrate sich die gleiche Familie. — Die kleinen Skizzen zeigen jeweils, wie ich anfange. Mit wenigen Linien suche ich erst die Hauptformen: Leib, Hals, Kopf, Beine wiederzugeben.

Jeder Besuch im Zoo gibt mir Stoff zu Zeichnungen. Lange verweile ich bei jedem Tier. Ich suche mir Form und Bewegung aufs beste einzuprägen. Oft probiere ich eine Stellung in meinem Skizzenbüchlein gleich festzuhalten, so wie dies mein Onkel, der Tiermaler tut. Doch schon hat sich mein Modell abgedreht. Besser gelingt mir das Zeichnen aus dem Gedächtnis. — Alle die Bewegungen, die ich euch hier am Leoparden zeige, habe ich auch an den andern Grosskatzen beobachtet und hernach gezeichnet.

der Wüstenkönig

hinter Eisenstäben

sprungbereit

schlafender Luchs

Löwenbaby

Ei, warum so eilig?

Kurzweilige Kerle sind unsere braunen Mutzen. Doch rechte Bettelsäcke, wie ihr seht. Ihre Nachbarn, die zottigen, weissen Gesellen vom Nordkap hätten am liebsten das ganze Jahr Eis und Schnee.

Meine Freunde sind oft so traurig. Ach, sie sind eben arme Gefangene. — Wie gerne gebe ich ihnen wenigstens in meinen Zeichnungen ihre Freiheit zurück. Ich versetze den Braunbär ins wilde Hochgebirge, den Eisbär in die Eiswelt des hohen Nordens, Wolf und Fuchs in tiefe Wälder, den Löwen in die weite Wüste, den Tiger in die Sümpfe Indiens, den Elefanten in undurchdringliche Urwälder, die Giraffe in die Steppen Afrikas, das Kamel unter die Palmen einer Oase. — Doch kann ich euch jetzt nicht alle diese Bilder zeigen. Muss euch noch gar manchen meiner Freunde vorstellen.

Chang, das Elefantenknäblein mit seiner Mama. Bananenhäute und Rüebli verschwinden dauernd in ihrem Rachen.

Oftmals führe ich meine Tierzeichnungen auch als Schattenbilder aus. So, dass ich die Umrisse — z. B. eine Karawane — mit schwarzer Tusche fülle, oder mit der Schere aus schwarzem Papier herausschneide.

Gäste aus Australien: Känguruhs. Seltsam anzusehen, wie sie sich mit ihren langen Hinterbeinen durch die Luft schnellen.

Besuch aus den Steppen Afrikas, das Zebra und die zierliche Gazelle. Auf meinen farbigen Zeichnungen hab ich sie, oft in Gesellschaft mit Straussen, zu ganzen Herden vereinigt.

Heissa, schnell herzu! Hier gibt's zu lachen. Ein Affenparadies. Stundenlang könnte man den drolligen Kerlen zusehen. Aber halt! Eben habe ich noch zwölf gezählt. Einer muss entsprungen sein. So ein Schlingel. Auf, helft suchen!

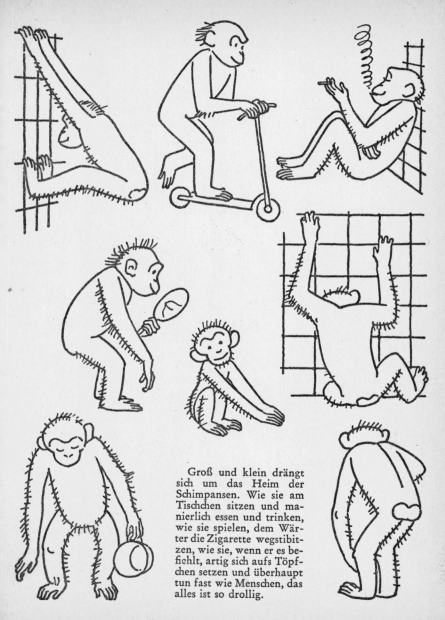

Groß und klein drängt sich um das Heim der Schimpansen. Wie sie am Tischchen sitzen und manierlich essen und trinken, wie sie spielen, dem Wärter die Zigarette wegstibitzen, wie sie, wenn er es befiehlt, artig sich aufs Töpfchen setzen und überhaupt tun fast wie Menschen, das alles ist so drollig.

Eine Gesellschaft von Langbeinern. Doch nicht etwa Störche, das siehst du doch? Oben Strauße. Der farbenprächtige afrikanische, darunter der erdig braune australische (Emu). Unten eine Gruppe schlanker Flamingos zum Zerbrechen. Daneben die komischen Marabus. Stehen da, auf einem Bein, ernst, unbeweglich, wie in tiefes Denken versunken — dem alten Professor daneben zum Verwechseln ähnlich.

Pfui, hör ich euch rufen, Krokodile, Schlangen, Seehund, Nilpferd, Nashorn, pfui, wie hässlich! Bedenkt, dass auch sie Geschöpfe sind aus Gottes Hand. Wie würden wohl die Tiere, wenn sie reden könnten über uns Menschen urteilen?

Der lustige Tiergarten

gezeichnet von meinem kleinen Bruder
Moritz.

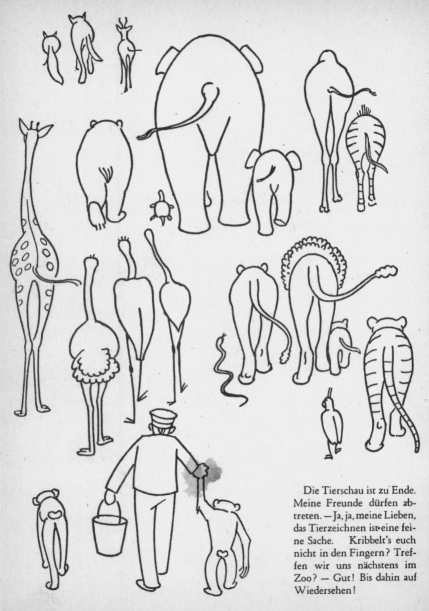

Die Tierschau ist zu Ende. Meine Freunde dürfen abtreten. — Ja, ja, meine Lieben, das Tierzeichnen ist eine feine Sache. Kribbelt's euch nicht in den Fingern? Treffen wir uns nächstens im Zoo? — Gut! Bis dahin auf Wiedersehen!

Wir jungen Sportsleute

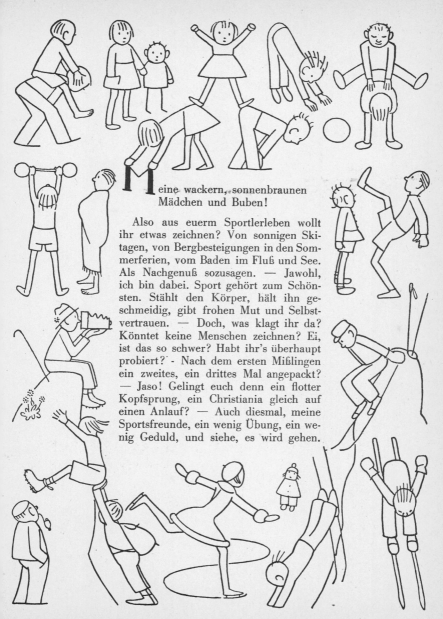

Meine wackern, sonnenbraunen
Mädchen und Buben!

Also aus euerm Sportlerleben wollt
ihr etwas zeichnen? Von sonnigen Ski-
tagen, von Bergbesteigungen in den Sommerferien, vom Baden im Fluß und See.
Als Nachgenuß sozusagen. — Jawohl,
ich bin dabei. Sport gehört zum Schön-
sten. Stählt den Körper, hält ihn ge-
schmeidig, gibt frohen Mut und Selbst-
vertrauen. — Doch, was klagt ihr da?
Könntet keine Menschen zeichnen? Ei,
ist das so schwer? Habt ihr's überhaupt
probiert? - Nach dem ersten Mißlingen
ein zweites, ein drittes Mal angepackt?
— Jaso! Gelingt euch denn ein flotter
Kopfsprung, ein Christiania gleich auf
einen Anlauf? — Auch diesmal, meine
Sportsfreunde, ein wenig Übung, ein wenig Geduld, und siehe, es wird gehen.

Vorn sog. Gelenkfiguren. Schulter- und Hüft-, Ellbogen und Kniegelenke sind die Scharniere, in denen sich unsere Glieder bewegen. Bringe sie immer an richtiger Stelle an. Die Körperlänge ist 4, 5 oder 6 Kopflängen, je nach dem Alter.

Bilde noch andere solcher Gelenkfiguren. Deren gibt es eine Menge. Denk nur ans Turnen und Spielen. Merke dir: Rumpf nicht breiter als Kopf! Hüftgelenk etwa in Körpermitte. — Die Bekleidung lege erst zuletzt über die Figur.

Diese Zeichnungen zeigen dir, wie aus deinen einfachen Gelenkfiguren - hier gestrichelt eingezeichnet - richtige Buben und Mädchen werden. Merke dir: Arme nicht zu lang, Hände und Füße nicht zu klein.

Tüchtige Springer, flotte Schwimmerinnen! Zeichnet auch andere solche Stellungen. Beginnt mit der Gelenkfigur, wobei ihr jeweils Lage des Rumpfes und Richtung der Glieder am eigenen Körper nachprüft.

Und geht ihr das nächste Mal baden, so habt die Augen offen. Beobachtet eure Kameraden auf dem Sprungbrett, im Wasser, im Sonnenbad.

Die schönen Sommerferien, wie schnell waren sie verflogen. — Wie ihr solche Einzelfiguren verwendet, das zeigen euch die nächsten Seiten.

Ihr ergötzt euch an diesen kleinen Zeichnungen. Und siehe, schon rufen sie eine bunte Fülle von Erinnerungen an ähnliche Erlebnisse in euch wach. Drum jetzt flugs den Bleistift zur Hand und gezeichnet. In kleinerem oder größerem Format, so wie ihr's lieber wollt. Und habt ihr Farbstifte oder Pinsel und Wasserfarbe, dann nur her damit. Ihr sollt die Bleistiftzeichnungen gleich auch noch ausmalen.

Ihr mögt, um euch zu üben, einzelnes hier abzeichnen. Immer so natürlich, daß ihr als erstes die Gelenkfigur herausschält. Daneben aber sucht auch allerart Stellungen auswendig wiederzugeben. Je mehr ihr euch im Auswendigzeichnen übt, um so lebendiger und ausdrucksvoller werden eure Menschlein. Und das ist viel mehr wert, als alle Richtigkeit und Genauigkeit.

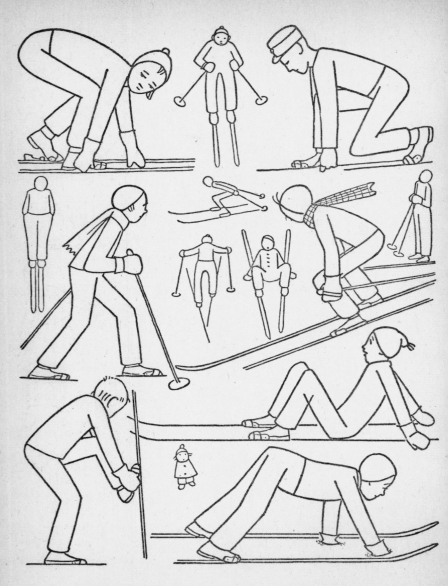

Zeichne auch diesmal zunächst die Gliederfigur. Nachher zieh ihr das Ski-
kleid an. Doch wähle ein solches ganz nach deinem Geschmack.

Habt ihr ein paar solcher Figuren gezeichnet? So laßt sie jetzt nicht länger im Trockenen üben. Führt sie hinaus in Schnee und Eis.

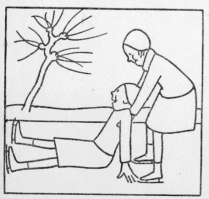

So, meine Lieben, nun denk ich, braucht ihr mich nicht weiter. Und übrigens, ich seh' euch so ungeduldig zappeln. Wollt am liebsten gleich jetzt hinaus, ihr Sportratten. Also los. Wünsche recht viel Vergnügen!

Dieses Buch enthält folgende
in der Schwierigkeit wachsende
Abschnitte:

Liebe Kinder!

Dies lustige Zeichenbuch hat Euch doch bestimmt
gut gefallen.
Ich möchte Euch verraten, daß Hans Witzig ein
zweites ähnliches Buch für Euch geschrieben und
gezeichnet hat. Es heißt:

EINMAL GRAD UND EINMAL KRUMM

Schreibt es gleich auf Euren Wunschzettel zum
Geburtstag oder zu Weihnachten oder sagt es Euren
Eltern, daß Ihr dieses neue Buch auch gern haben
möchtet.

ERNST HEIMERAN VERLAG IN MÜNCHEN